Quelques mots d'explication aux enfants et aux parents

Ce livret explique comment les enfants viennent au monde.

Il s'adresse aux enfants à partir de 4 ans qui souhaitent comprendre et veulent la vérité.

Il s'adresse aux parents prêts à comprendre combien cette vérité est importante pour l'équilibre et le développement psychologique et affectif de leur enfant.

Ce livret fait écho à la demande d'une petite fille, Lili, née il y a très longtemps et dont nous parle Freud.

Lili « *exigeait* » la vérité sur la façon dont les enfants viennent au monde. Elle ne croyait pas du tout aux fables saugrenues qu'on lui proposait du genre « *les enfants naissent dans les choux* », « *les filles dans les roses* », ou bien encore « *c'est la cigogne qui les apporte* » ou pire encore « *les enfants, on les achète au marché* ».

Lili ne croyait pas non plus que les enfants naissent quand un papa et une maman s'aiment très fort.

2

Elle voyait bien autour d'elle que certains papas et mamans ne s'aimaient pas du tout.

Elle voyait aussi que certains enfants ne connaissaient pas leur papa ou leur maman.

A force d'entendre des sottises pareilles, les enfants perdent peu à peu confiance en leurs parents et certains plus tard en tombent malades.

Ce livret s'adresse donc aux enfants qui veulent connaître la vérité et aux parents d'accord pour transmettre cette vérité et ainsi respecter leurs enfants.

Il a été écrit en écho aux questions des enfants de tous âges et toutes cultures que je reçois régulièrement.

Je l'ai écrit en écoutant mes petits patients, leurs questions, leurs angoisses, leurs théories naïves.

C'est aussi le livre de Marko, Fofana, Emilie, Irioucho, Fatou, Ahmed et bien d'autres...

Bonne lecture.

HISTOIRE DE ZIZI

Le sexe des filles et des garçons

Le zizi des filles et des garçons n'est pas fait pareil.

En fait le vrai mot c'est « *sexe* » pas « *zizi* ». Le sexe des filles s'appelle « *vagin* » et celui des garçons « *pénis* ».

4

Le sexe des garçons

Le sexe des garçons se trouve à l'extérieur de leur corps, avec deux boules derrière.

Quand on est grand, on a des poils autour du zizi.

Quand on est encore petit, on n'en a pas. Ils viendront plus tard.

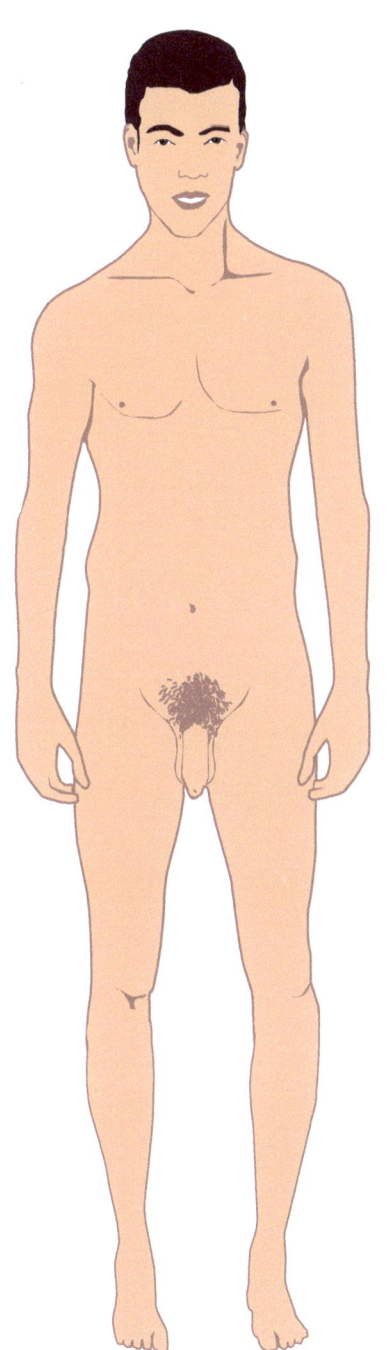

5

Le sexe des filles

Le sexe des filles se trouve à l'intérieur de leur corps, caché et protégé à l'intérieur de leur ventre.

Il y a un petit trou à l'entrée du sexe des filles à coté de celui où elles font pipi.

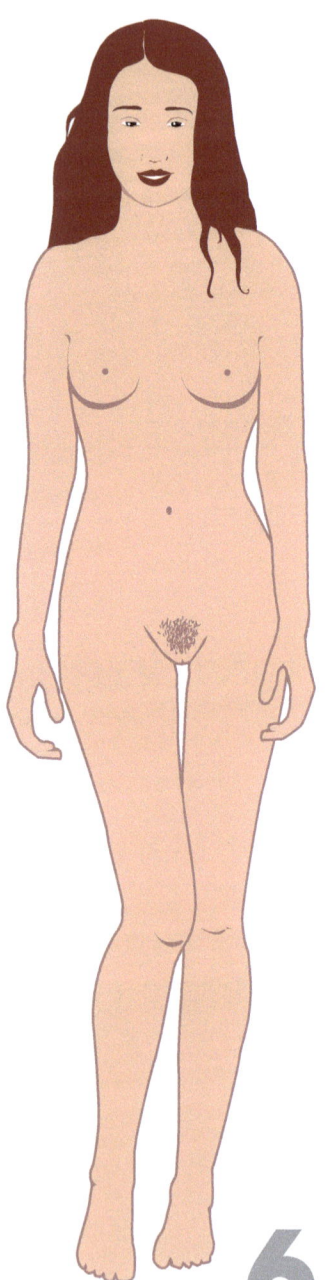

6

POUR FAIRE UN BÉBÉ

et donc pour qu'un enfant naisse, il faut un homme, une femme et deux graines d'enfant.

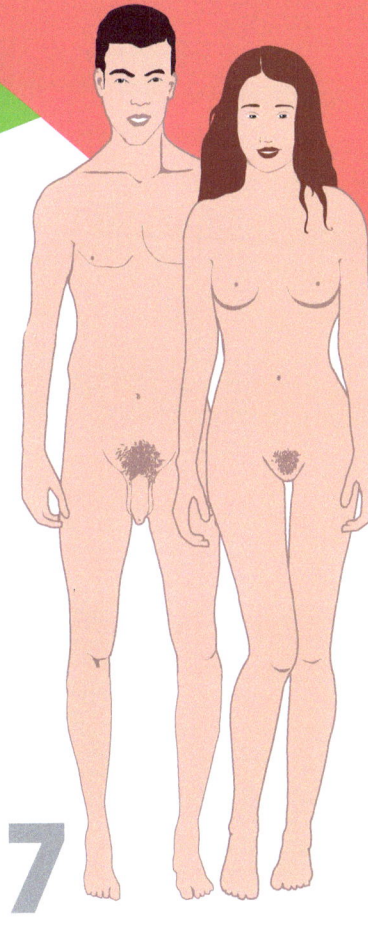

L'homme donne une graine d'enfant à la femme.

La femme reçoit cette graine d'enfant et l'ajoute à la sienne.

7

Tout enfant est forcément né d'une femme et d'un homme.

Cela veut dire que tous les enfants ont un papa, même s'ils ne le connaissent pas, et une maman.

Cela veut dire aussi que toutes les mamans du monde et tous les papas du monde ont eux aussi un papa et une maman.

Pour qu'un enfant puisse naître l'homme doit donner sa graine d'enfant à la femme.

8

Pour lui donner, il doit mettre son sexe dans celui de la femme et déposer une graine d'enfant dans son ventre.

Cela ne fait pas mal à la femme, à l'homme non plus. Cela peut au contraire être très agréable.

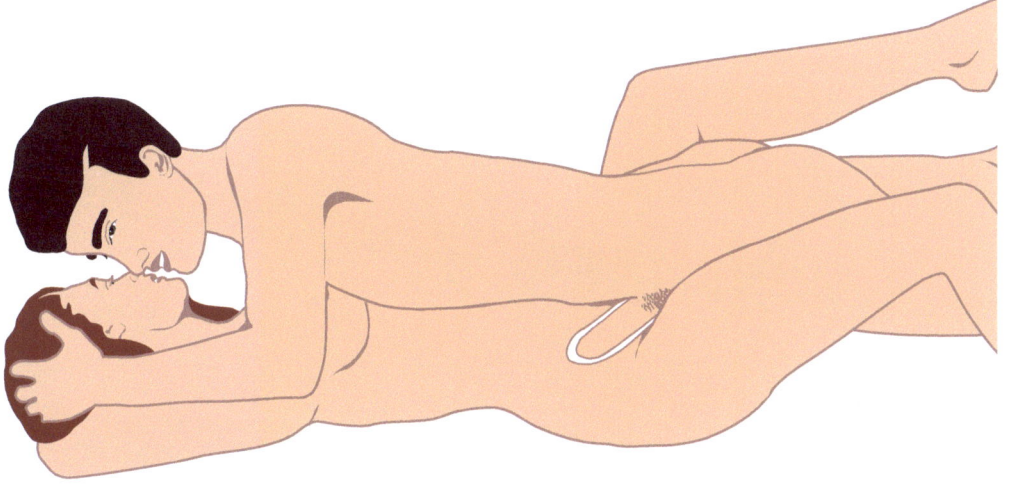

9

Du zizi de l'homme, par le même trou que celui par lequel il fait pipi, sortent des milliards de petites graines d'enfant.

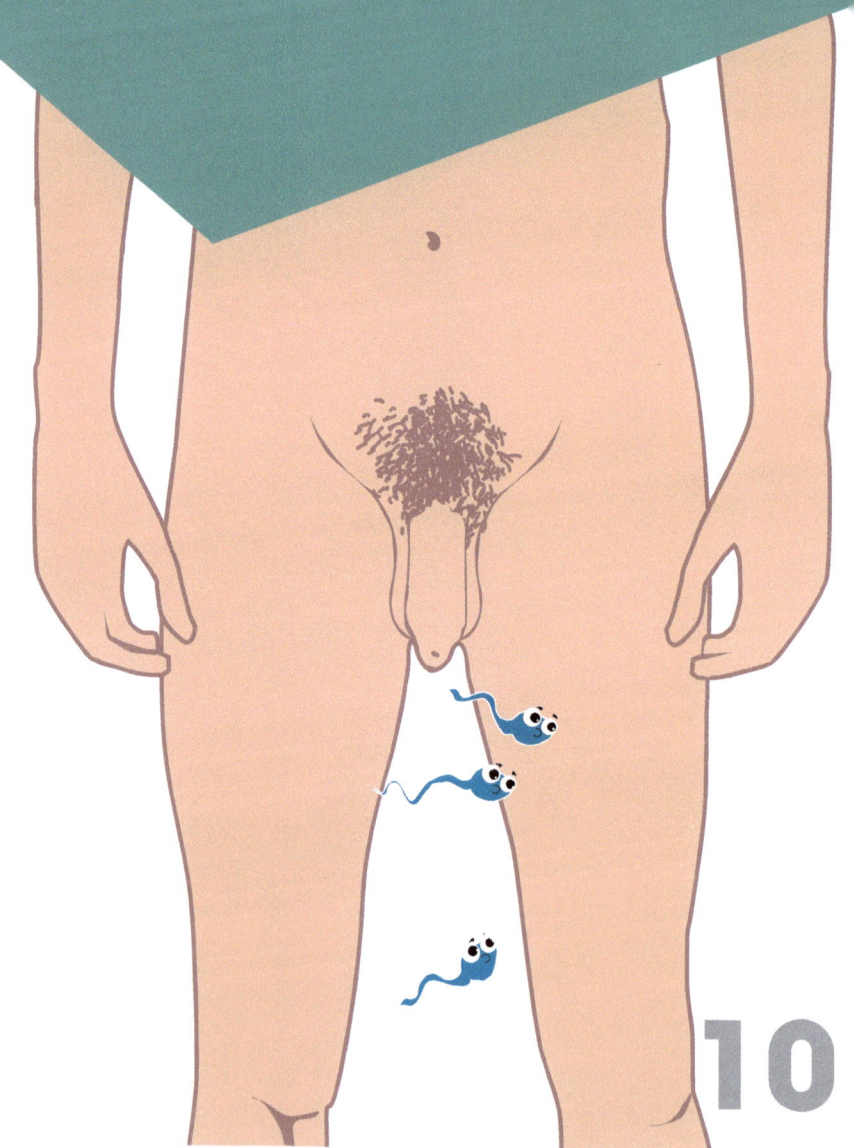

10

Ces graines ressemblent à des « *têtards* ».

On les appelle d'un drôle de nom : les « *spermato-zoïdes* ».

Ils ont une très longue queue. Ils sont très petits et sont des milliards dans quelques gouttes.

Ces graines d'enfant qui sortent du sexe de l'homme nagent à toute vitesse avec leur queue très longue pour arriver le premier à entrer dans la graine d'enfant de la maman.

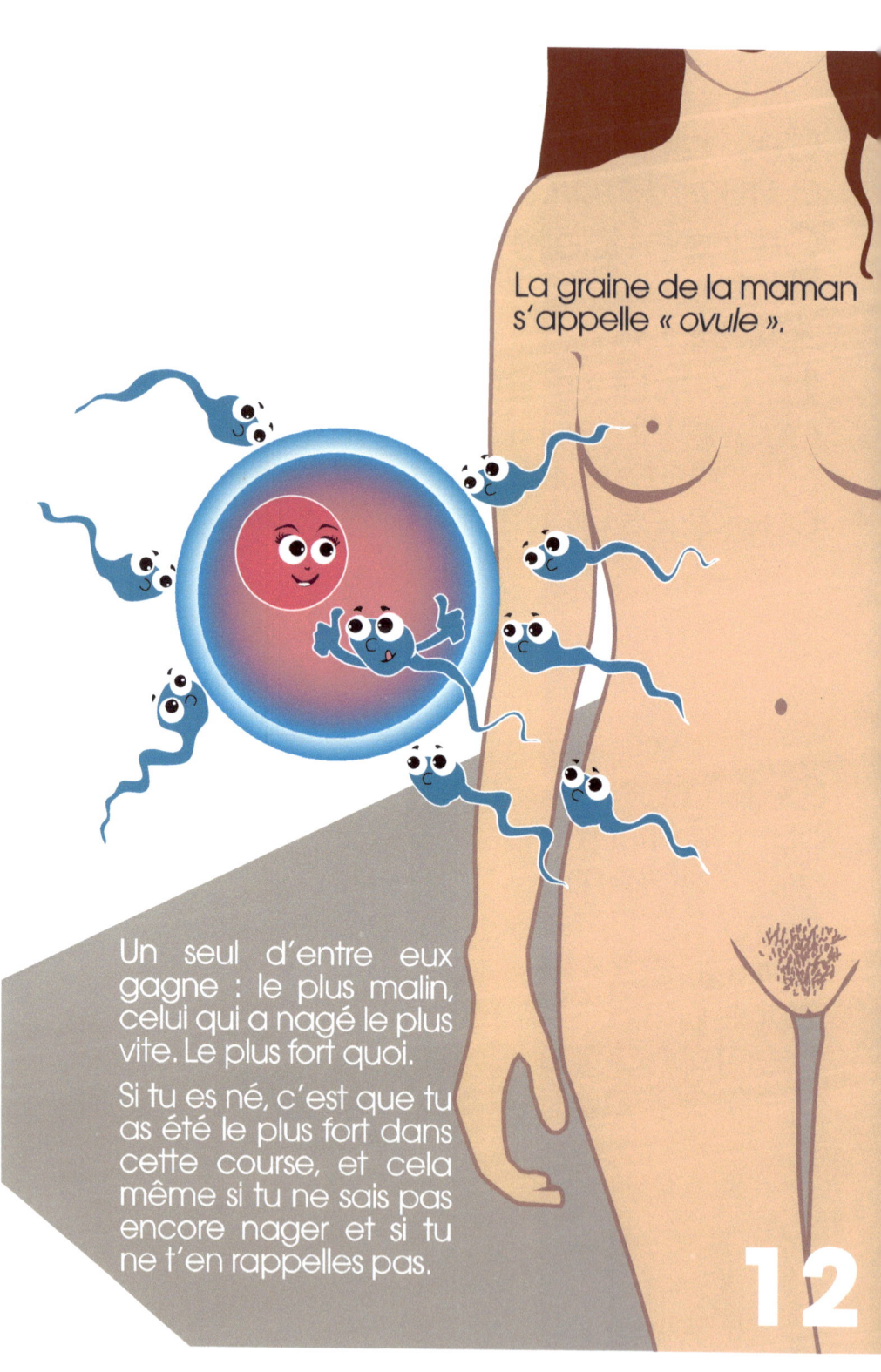

La graine de la maman s'appelle « *ovule* ».

Un seul d'entre eux gagne : le plus malin, celui qui a nagé le plus vite. Le plus fort quoi.

Si tu es né, c'est que tu as été le plus fort dans cette course, et cela même si tu ne sais pas encore nager et si tu ne t'en rappelles pas.

12

Quand la graine d'enfant du papa ...

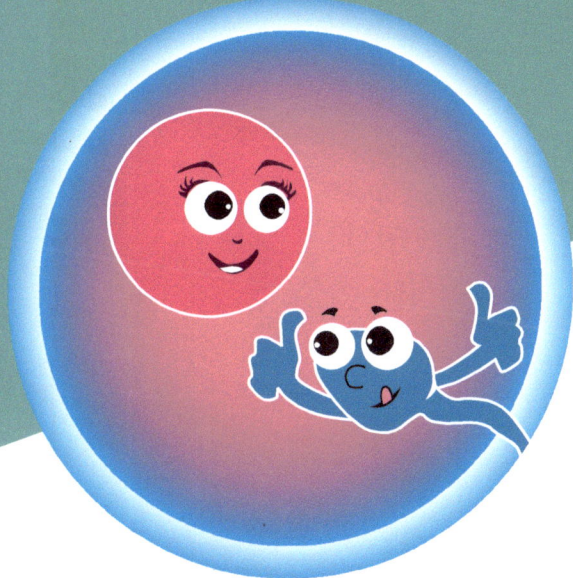

...rencontre la graine d'enfant de la maman

13

Quand les deux graines se rencontrent dans le ventre de la maman, elles se mettent ensemble, elles se collent et se transforment en un œuf.

Peu à peu cet œuf va grandir et se transformer en bébé dans le ventre de la femme.

Cela prend 9 mois. Cela veut dire que quand le bébé nait cela faisait déjà 9 mois qu'il grandissait dans le ventre de la maman, bien au chaud.

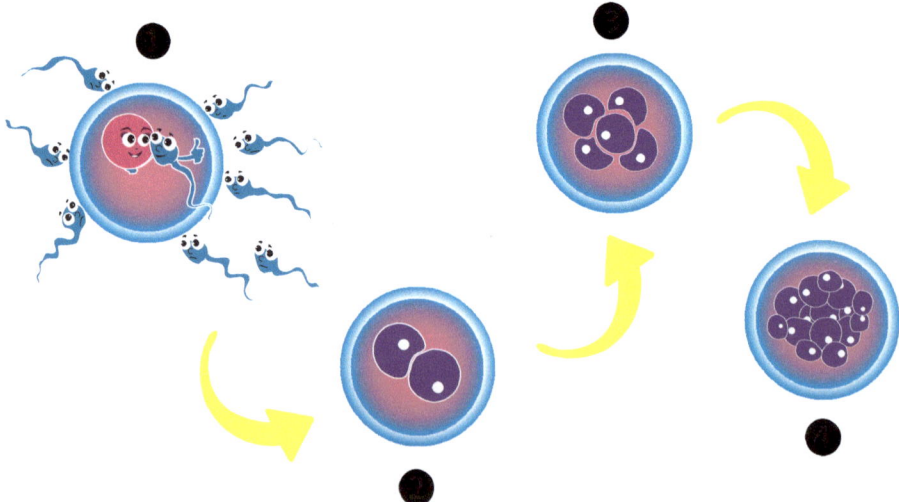

Parfois il y a deux graines d'enfants chez la maman, elle peut alors attendre deux bébés. Ce sont des jumeaux.

14

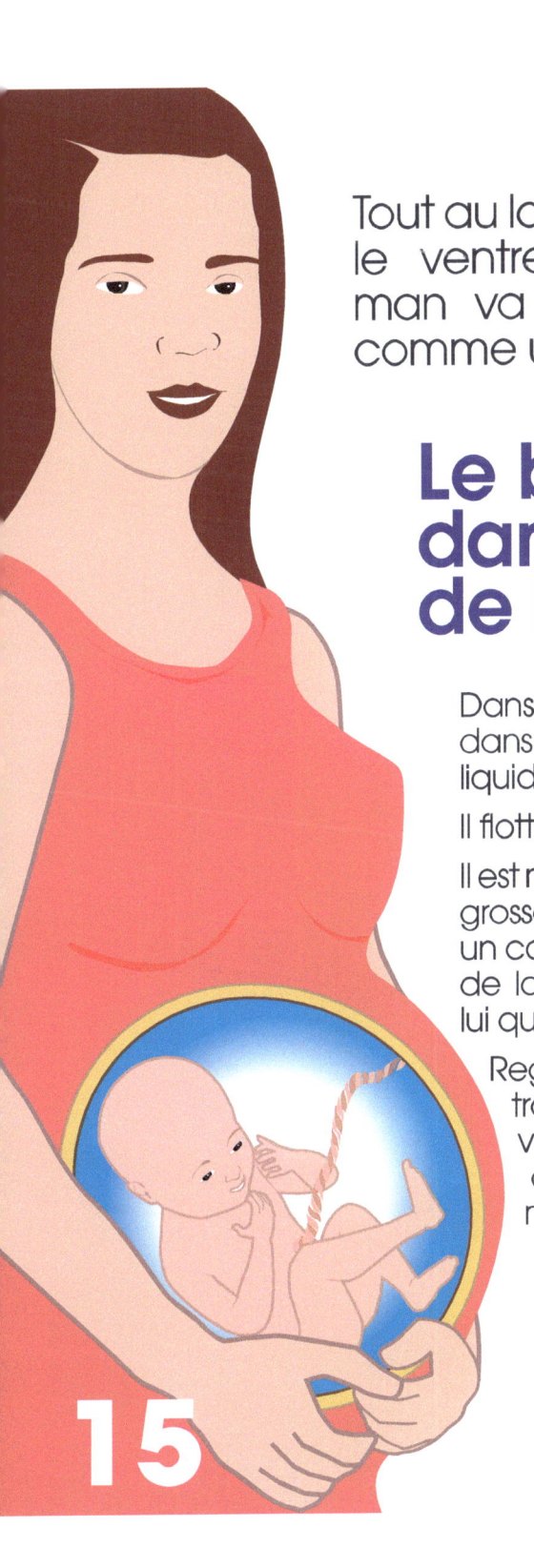

Tout au long des 9 mois, le ventre de la maman va grossir, grossir comme un ballon.

Le bébé dans le ventre de la maman

Dans le ventre, le bébé flotte dans une poche remplie de liquide.

Il flotte comme un poisson.

Il est nourri grâce à un genre de grosse ficelle, de tuyau. C'est un cordon qui le relie au ventre de la maman. C'est aussi par lui qu'il fait caca.

Regarde ton nombril, le petit trou que tu as au bas du ventre: c'est la trace du cordon qui te reliait à ta maman !

15

Au bout de 9 mois ...

... parfois un peu plus tôt, quand il est prêt, le bébé sort du ventre de la maman.

→ Il sort en passant par le trou du zizi de la maman.

Parfois si le bébé est trop gros, il faut l'aider à sortir et le médecin préfère ouvrir le ventre de la maman pour qu'il ait plus de place pour sortir.

On appelle cela une « césarienne».

On endort la maman et cela ne lui fait pas mal.

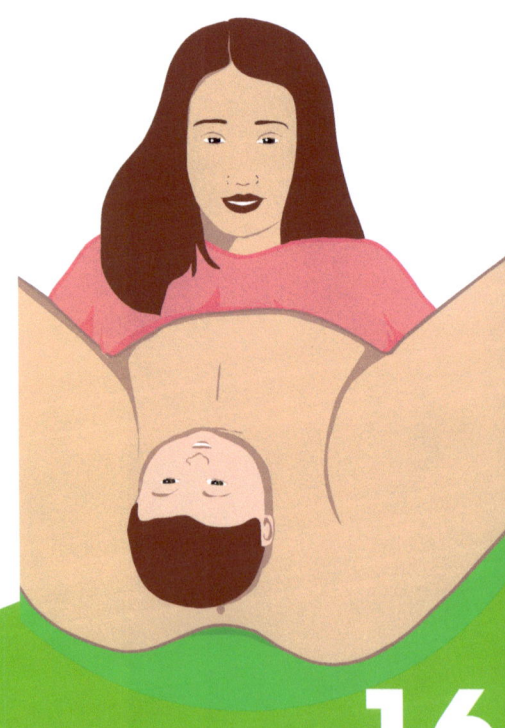

Quand il vient de sortir du ventre de la maman

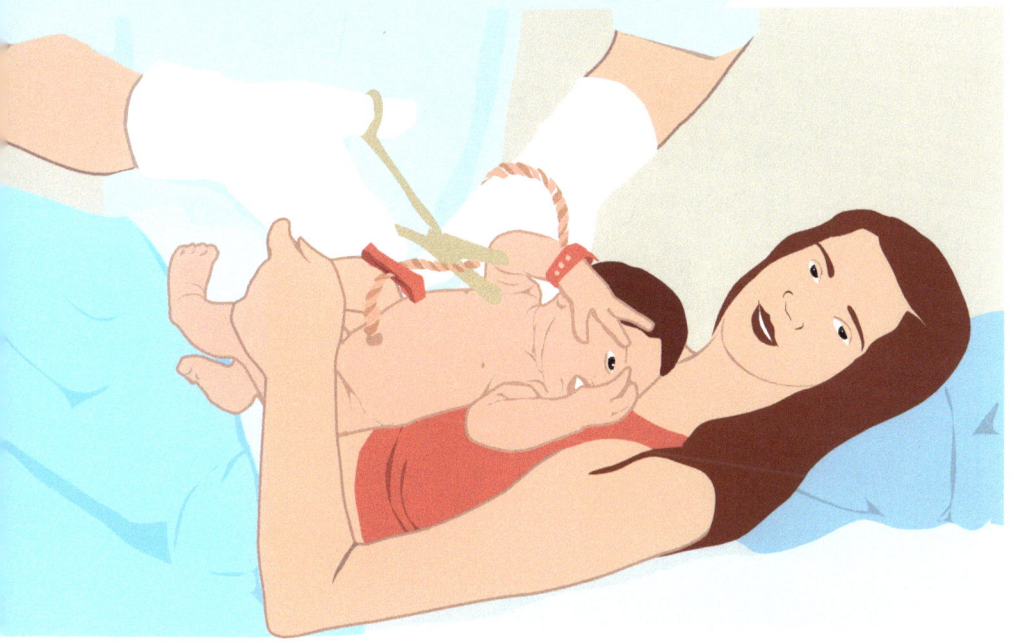

Le médecin coupe le cordon qui le reliait à sa maman qui peut alors le prendre dans ses bras.

En général il est fripé, tout rouge, vraiment vilain.

17

Le bébé crie pour faire entrer de l'air dans ses poumons.

On est content qu'il soit là parce que c'est ton nouveau petit frère ou petite soeur mais si tu es un peu jaloux, c'est normal.

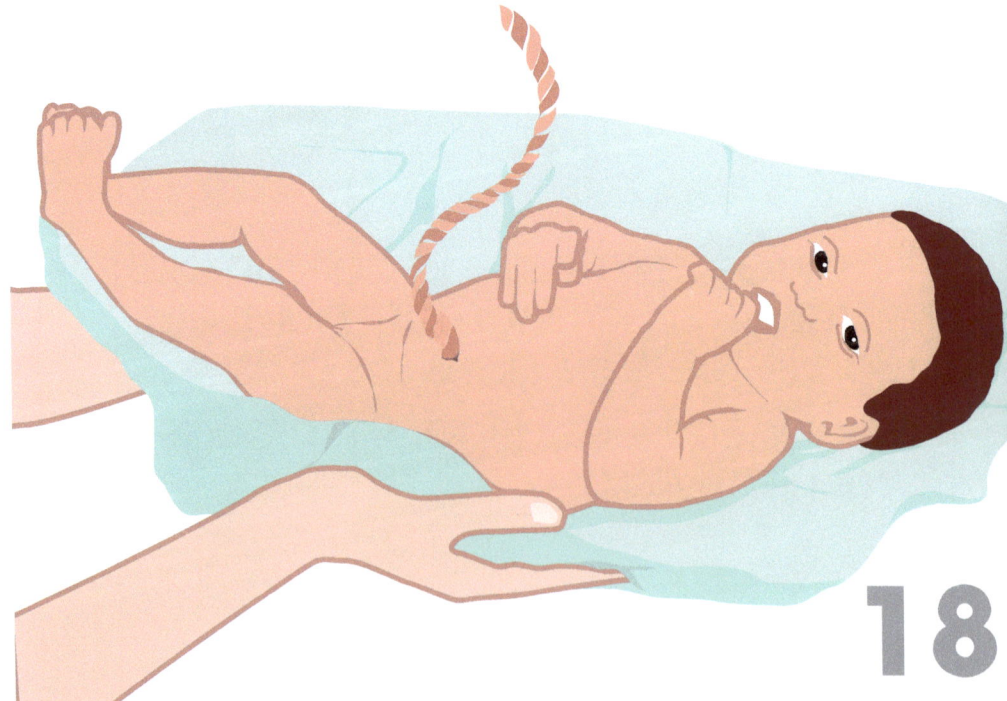

18

Et donc, en résumé

Si tu es né, c'est que tu as été le plus fort.
C'est toi qui a nagé le plus vite et qui a battu tous les autres, même si aujourd'hui tu ne sais pas nager et que tu ne t'en rappelles pas.

Le bébé, c'est d'abord une graine d'enfant que l'homme met dans le ventre de la femme et qui se colle à la graine d'enfant de la maman.

A la naissance, le bébé ne sort pas par le trou du caca ou du pipi de la maman mais par le trou du zizi.

Un homme ne peut pas faire un enfant tout seul, il faut une femme qui donne une graine d'enfant et porte le bébé dans son ventre

19

Tous les enfants ont forcément un papa et une maman et tous les papas et toutes les mamans ont un papa et une maman.

Pour l'instant, tu es trop jeune pour faire un bébé mais un jour tu seras adulte et tu pourras.

Le papa donne sa graine d'enfant avec son zizi. Ces graines d'enfant passent par le trou du pipi du père pour entrer dans le ventre de la maman.

Une femme ne peut faire un enfant toute seule.
Il faut forcément un homme qui donne une graine d'enfant.
Il faut aussi une femme qui donne une graine d'enfant.
Tous les enfants ont un père et une mère même s'ils ne les connaissent pas.

et si tu as des questions, tu peux m'écrire à l'adresse mail suivante : asianipsy@hotmail.com

20

Glossaire

Accouchement :
c'est lorsque le bébé sort du ventre de la maman, quand il vient au monde.

Césarienne : si le bébé ne peut pas sortir par le sexe de la maman le médecin fait une petite ouverture dans le ventre de la maman.

Spermatozoïde : c'est le nom de la graine d'enfant donné par le papa.

21

Sperme : c'est le liquide, qui n'est pas du pipi mais qui sort par le trou du pipi de l'homme. Il contient des milliards de graines d'enfants, que l'on appele « *spermatozoïdes* ».

Ovule : c'est le nom de la graine d'enfant de la maman.

Cordon (ombilical) : c'est un genre de ficelle qui relie l'enfant au ventre de la maman.

Vagin : c'est comme cela que s'appelle le sexe de la femme.

Pénis : c'est comme cela que s'appelle le sexe de l'homme.

Collection « *Nous voulons la vérité* »
Fabienne Asiani (auteur)
Psychologue clinicienne

Catherine Landry
(illustrations et mise en page)

Série dirigée par Fabienne Asiani

A paraître :
• *Mes parents divorcent*
• *J'ai deux pays*
• *C'est quoi la mort ?*

Fabienne Asiani
Psychologue clinicienne
Université Paris 13 - Sorbonne Paris Cité

http://www.asiani-psychologue.com/
asianipsy@hotmail.com

www.ingramcontent.com/pod-product-compliance
Lightning Source LLC
Chambersburg PA
CBHW040329010626
45792CB00024B/2324